LE
RIDEAU DÉCHIRÉ.

LE
RIDEAU DÉCHIRÉ.

THÉATRE FRANÇAIS.

DÉCEMBRE 1820.

A PARIS,

CHEZ PONTHIEU, LIBRAIRE,

Palais-Royal, Galeries de bois.

AVERTISSEMENT.

Il y a deux ans environ qu'un homme de lettres, justement indigné des abus qui s'opposaient aux progrès de l'art théâtral, LEVA LE RIDEAU derrière lequel un petit nombre d'individus, sans respect pour l'art ni pour le public, exploitaient à leur profit le domaine de nos richesses dramatiques. Loin de diminuer, les abus n'ont fait qu'augmenter; et si l'autorité n'y apporte un remède prompt et efficace, c'en sera fait du premier Théâtre français, c'est-à-dire du premier théâtre

de la nation. Lever le rideau une seconde fois ce ne serait pas assez, puisqu'il retombe le moment d'après : c'est
pour cela que je le déchire. Mettons à
découvert le triste tableau qu'offrent
en ce moment les débris de la Comédie Française.

LE

RIDEAU DÉCHIRÉ.

THÉATRE FRANÇAIS.

Tout en France, tout en Europe a éprouvé des modifications plus ou moins grandes par tous les contre-coups de la révolution française: une seule chose sera-t-elle exceptée? cette seule exception aura-t-elle lieu en faveur du Théâtre Français? le trône de carton de la rue de Richelieu sera-t-il plus solide que ne l'ont été les trônes de tant de rois? les soldats d'Achille seront-ils invulnérables comme l'était le fils de Thétis? et tandis que les souverains font des concessions à leurs peuples, les comédiens français, immobiles comme le dieu Terme, dédaigneront-ils d'en faire au Public, aux auteurs, à l'intérêt futur d'un art dont chacun d'eux semble vouloir assurer la destruction à l'époque de sa retraite? Toutes ces questions sont sérieuses, parce que l'existence d'un théâtre composé d'acteurs capables d'interpréter dignement les hautes pensées de Corneille, les sublimes inspirations de Racine, les brillantes conceptions de Voltaire, et cette peinture si vraie, si comique, si profonde, si morale que Molière fait résulter du jeu des passions, ne peut être considérée comme un objet frivole dans une capitale et chez un peuple amoureux de spectacles et de tous les genres de gloire. Si le gouvernement despotique est haïssable dans les intérêts politiques, combien il doit le devenir encore plus lorsqu'il marche accompagné du ridicule, environné de toutes les prétentions , lorsque la supériorité du talent prétend à une domination insupportable, à décourager les jeunes gens, à repousser les talens, à éteindre les espérances, à couper enfin l'arbre par le pied , afin d'en cueillir seule tous les fruits! Voilà ce qui est, ce que l'on souffre , ce que l'on encourage peut-être par de molles complaisances, et cela est si vrai qu'il est inutile d'écrire ici les noms qu'y ont déjà placés les lecteurs; on n'inscrit le nom des modèles qu'au bas des portraits qui ne sont pas ressemblans. Sans doute on doit des égards aux talens supéricurs; mais auraient-ils atteint à ce degré de supériorité s'ils eussent été entravés dans leur marche dès leurs premiers pas dans une carrière où les lauriers ne croissent qu'au milieu des épines, si enfin ils n'eussent eu les encouragemens qu'ils refusent à ceux qui doivent être un jour leurs successeurs et les héritiers de leurs talens?

Il me semble que l'on pourrait classer dans l'ordre suivant les objets dont on doit embrasser la défense contre la mutinerie des

caprices, l'orgueil de la vogue, et les prétentions d'un mérite que l'on tend toujours
à s'exagérer : avant tout la justice, ensuite
les intérêts de l'art, ceux du Public, puis
enfin ceux de la société; et au dernier rang
les intérêts individuels, quelle que soit leur
influence momentanée sur la splendeur du
théâtre. L'expérience a prouvé que l'on rem-
plaçait toujours les acteurs qu'il était le plus
difficile de remplacer. A la mort de Lekain,
il n'a pas fallu briser le répertoire du Théâtre Français ; et c'était à l'ombre de Lekain
que Larive avait appris à adoucir les regrets
que causa la mort de ce grand tragédien. Larive aussi eut une grande vogue; il fut ce
que notre Talma est aujourd'hui, et Talma
l'a au moins remplacé. Dugazon et Dazin-
court se partageaient l'héritage de Préville;
mais Préville les encourageait, leur prodi-
guait ses conseils, et jouissait de se voir re-
vivre dans ses successeurs. Mad.^{lle} Raucourt,
qui porta long-temps seule la couronne des
reines, se plaisait à en parer de ses propres
mains le front de Mad.^{lle} Georges, et à diri-

ger sa jeunesse : Mad^{lle} Raucourt s'opposa-t-
elle jamais à ce que son élève, à ce que Mad^{lle}
Duchesnois jouassent ses rôles ? rien de tel.
Lekain avait-il interdit à Larive le droit de
paraître dans Tancrède et dans Vendôme?
il n'eut jamais ces sottes prétentions. Mad^{lle}
Contat, si admirable dans les grands rôles
de la comédie, et qui, dans quelques-uns
n'a point été remplacée, quoi que puissent
dire les louangeurs les plus effrontés, Mad^{lle}
Contat n'empêcha point Mad^{lle} Lange et
Mad^{lle} Mezerai d'établir une rivalité qu'elle
avait le bon esprit de ne pas paraître re-
douter. Mad^{lle} Contat fit plus; elle céda à
Mad^{lle} Devienne le rôle de Suzanne, dans lequel elle s'était fait une si brillante répu-
tation, quoique ce rôle n'ait jamais fait
partie de l'emploi des soubrettes. C'est pendant le règne de Molé que s'est élevé Fleury,
et je n'ai jamais entendu dire que Fleury se
soit opposé à ce que ceux qui devaient lui
succéder sans le remplacer jouassent ses rôles
en son absence; si d'ailleurs il l'a fait, c'est
un exemple à blâmer, et qui par conséquent
n'est point à suivre.

De quoi se compose actuellement la société du Théâtre Français? De sociétaires à
part entière, à trois quarts de part, à demi-
part et à quart de part, et de pensionnaires. La part entière peut être évaluée à
dix-huit ou vingt mille francs; cet intérêt
n'est que secondaire pour les deux favoris
privilégiés de Melpomène ou de Thalie,
qui sont ou devraient être riches, et qui
joignent à d'énormes traitemens extraordinaires les nombreux tributs qu'ils perçoi-
vent dans leurs excursions départementales.
Que la part entière varie donc de cinq à six
mille francs d'une année à une autre, ce
n'est pour eux qu'un objet très-secondaire,
et l'on ne doit pas être surpris de les voir
prêts à sacrifier souvent l'intérêt de la société à celui de leur amour-propre ou de
leur gloire, si l'on veut un terme plus noble. Viennent ensuite les sociétaires à part
entière, et il est permis de penser qu'ils se
trouvent assez récompensés de leurs talens,
puisqu'ils ne font rien pour rendre les parts
plus fortes, ce qui vaudrait cependant bien

mieux que de ramper devant l'ingénue plus que majeure qui les fait mouvoir à son gré, et dont l'admirable talent devrait la placer au-dessus de toutes ces coquetteries de femme.

Je sais bien que le Public ne raisonne pas comme cela : peu lui importe ce qui se passe au comité et dans les assemblées générales; peu lui importe que les sociétaires ou les pensionnaires aient de bons revenus. Le Public veut Talma dans la tragédie et Mad^{lle} Mars dans la comédie : je le veux comme lui; mais je ne veux pas que l'éclat que jettent ces deux grands artistes sur la scène française éclaire sa destruction : il faut bien, même dans ses jouissances, songer de temps en temps à l'avenir. L'hommage que l'on doit à la supériorité du talent ne doit pas rendre injuste envers l'utilité modeste. Que dirait-on si je prouvais ici sans réplique, et par un seul fait, que ce ne sont pas les deux grands talens qui sont le plus indispensables? En l'absence de Talma on joue la tragédie, et les recettes sont souvent supérieures à celles de la seconde représentation

de *Jean de Bourgogne :* j'ai vu beaucoup de
monde à certaines comédies, et notamment
au *Mariage de Figaro* avant que l'autorité
ait suspendu les représentations de cette
pièce; à *la Femme jalouse,* à *la belle Fer-
mière, au Folliculaire,* et cela pendant
l'absence de Mad^lle Mars. Supposez pour un
moment que les deux acteurs qui se parta-
gent l'emploi des valets, et qui n'ont chacun
qu'une demi-part, se donnent la main pour
sortir ensemble de la Comédie française, et
dites-moi comment vous établirez un répertoire seulement pendant une semaine.

Revenons aux comédiens sociétaires qui
n'ont point encore une part entière, et pas-
sons sur ceux qui, l'ayant obtenue, profitent
comme d'une sinécure des laborieuses fati-
gues de leurs camarades.

En général on se fait dans le monde une
très-fausse idée de l'état des comédiens; et
je parle ici contre une prévention que j'ai
long-temps partagée : la vérité est qu'il n'est
peut-être pas une classe de citoyens qui
exerce une bienfaisance plus active. L'étude

de leur art exige ou suppose une bonne éducation, que la plupart d'entre eux ont reçue, ou qu'ils se donnent eux-mêmes; et si leurs mœurs passent pour être moins pures que celles que l'on remarque dans les autres professions, cela tient uniquement à ce qu'elles sont plus en évidence. Il en est de cela comme des pays où règne la liberté de la presse: on dit qu'il s'y commet plus de crimes, parce qu'aucun crime n'y reste enseveli dans l'oubli. Au reste si de sévères moralistes trouvaient à gloser sur les mœurs des héros et des princesses, des chevaliers et des coquettes, des soubrettes et des valets de la rue de Richelieu, ils ne pourraient en accuser les réglemens intérieurs : ils ont tout prévu, et veulent qu'aux assemblées où l'on fait le répertoire les sociétaires et les pensionnaires soient placés par rang d'ancienneté, *les hommes d'un côté et les femmes de l'autre:* rien certes n'est plus édifiant, et l'on doit croire que Mad^lle Bourgoin tenait la plume quand on a rédigé la charte comique. Nous connaissons tous ces réglemens; nous connaissons l'ordonnance de 1816, quoiqu'elle n'ait pas été insérée au bulletin des lois; mais comme nous ne publions aujourd'hui qu'un sommaire de tout ce que nous aurions à dire et de ce que nous dirons peut-être plus tard, nous nous contenterons de dire que cette ordonnance n'est suivie en rien, d'en demander l'exécution, et nous trouverions s'il le fallait vingt faits au lieu d'un qui attesteraient les infractions journalières faites à chacun de ses articles. Reprenons donc notre propos : ce que nous voudrons bien taire, à coup sûr, ce n'est point par ignorance, et nous nous expliquons ici de manière à ce qu'aucun des intéressés n'ait le moindre doute à cet égard.

Rien ne saurait donner une idée de la misère des comédiens qui parcourent la province; j'en ai vu, dans une petite ville, attendre le premier écu de la recette pour envoyer acheter un pain : voilà comment est le plus grand nombre, et il y a peut-être deux mille comédiens en France. Partout vous entendez dire

que *les seigneurs de la rue de Richelieu*
sont trop récompensés! non, ceux qui mé-
ritent des récompenses ne le sont pas trop.
Il est rare qu'un comédien ait une fortune
patrimoniale : les exemples du contraire ne
sont que des exceptions. Si la carrière théâ-
trale est de trente ans, on peut la diviser en
trois parties ; dix ans pour faire des dettes ,
dix ans pour les payer, et enfin dix ans pour
faire quelques économies, qui, jointes à une
pension de retraite, leur donnent quelque
aisance pour la fin de leurs jours; mais si la
carrière d'un acteur se borne à vingt années,
il quitte le théâtre comme il y est entré. Ceci,
il est vrai, ne s'applique pas toujours aux
dames; on sait que, plus heureuses, elles
joignent quelquefois à leurs revenus directs
d'autres revenus indirects, qui ne figurent
pas mal dans leurs budgets. Mais ces acteurs,
que vous trouvez trop heureux au premier
théâtre de la nation, combien sont-ils sur
deux mille? vingt tout au plus. Eh bien !
dans quelle profession, dans quelle carrière,
dans quel état, dans quelle branche de com-

2

merce ou d'industrie ne se trouve-t-il pas vingt individus sur deux mille, c'est-à-dire un sur cent, qui se retirent avec autant ou plus d'avantages que les comédiens, après avoir sûrement éprouvé pendant leur vie moins de dégoûts , moins de peines, moins de tribulations. Quelle profession entraîne autant de dépenses pour parvenir seulement à débuter à la Comédie française, à moins que la protection ne vous y transplante du Conservatoire? Les rivalités, les injustices, les cabales, les côteries, l'exagération des critiques, tout parsème de désagrémens la vie d'un comédien. La fréquentation des gens de lettres qui ont long-temps suivi les théâtres, les conseils de l'impartialité lui sont sans doute très - utiles ; mais quand un acteur a étudié son art toute sa vie, quel dégoût ne doit-il pas éprouver de se voir livré aux jugemens de petits pédans imberbes, Trissotins en jaquette , tenant la férule d'une main encore chaude de celles qu'ils recevaient hier à l'école entre un thême grec et une version latine.

Mais , dira-t-on , les applaudissemens dé-
dommagent de tout : oui ; mais les applaudissemens ont leurs contraires; et vous voyez
bien que les comédiens français ont bien
acquis ces pénibles jouissances que les gens
du monde semblent leur reprocher. L'art
dramatique entre en première ligne dans
nos plaisirs ; il étale avec magnificence
aux yeux du Public les productions de nos
plus grands écrivains : ne découragez donc
point ceux qui l'exercent; mais aussi que
l'autorité tienne d'une main ferme et sûre les
rênes du dramatique empire; qu'elle veille à
ce que dans la ruche les frelons ne mangent
pas tout le miel que distillent les abeilles.

S'il est au monde un dédale inextricable,
c'est sans contrédit l'administration du Théâtre français: c'est là qu'il y a un gouvernement
occulte dont l'influence se fait partout sentir.
D'un côté vous avez la main supérieure d'un
premier gentilhomme de la Chambre, celle
de l'intendant des menus plaisirs et, bien
plus encore, celle d'un comité à qui l'autorité ne peut guère tarder à retirer ses pou-

voirs quand elle examinera l'abus qui en est fait journellement.

Les membres du comité tranchent et ordonnent au gré de leur caprice, ne laissent point représenter les ouvrages qui plaisent au Public, afin de ne pas déplaire à tel voyageur ou à telle voyageuse, afin de leur ménager une brillante rentrée, et de joindre l'attrait de la pièce à celui de l'acteur ou de l'actrice, sans égard pour aucune réclamation. On fera disparaître du répertoire les ouvrages qui feraient de l'argent, et les sociétaires à demi-part et à quart de part, réduits à représenter des pièces dont l'annonce fait fuir le Public, se battent les flancs dans le désert, se donnent une peine inouïe, font de médiocres recettes précisément par l'impossibilité où ils sont de compenser l'absence de leurs camarades les plus chéris du Public par des ouvrages moins usés, et par des comparaisons qui stimulent au travail, et piquent la curiosité. Y a-t-il au monde quelque chose de plus absurde et de plus funeste que de semblables complaisances ?

n'est-ce pas s'associer à leur culpabilité que
de les souffrir quand on pourrait les empêcher.

Comment les sociétaires sédentaires ne
font-ils pas tous leurs efforts pour com-
bler le déficit que cause l'absence de Mlle
Mars? pourquoi en son absence ne joue-t-on
pas, par exemple, *la Fille d'honneur*,
*Edoward en Ecosse, la Jeunesse de Hen-
ri V?* Ces pièces, qui tiennent le milieu entre le drame et la comédie, paraissent être
du goût du Public. On a, il est vrai, reçu
Mlle Valette, quoiqu'elle ait eu l'imperti-
nence de se faire applaudir par son talent,
même dans le rôle d'Agnès: pourquoi a-t-
on reçu aussi Mlle Charton et Mlles Lebrun
et Verneuil, dont les débuts n'ont fait
aucune sensation? Je fais toutes ces questions
et je pourrais y répondre; mais je ne le veux
pas en ce moment : je me contenterai aussi
de demander si la concurrence ne serait pas
l'âme de toute émulation; et puisque Mlle
Anaïs, que la Comédie n'a point admise, a
enchanté les Bordelais dans la *Fille d'hon-*

neur, je veux croire, pour l'honneur et le goût de ceux qui décident des réceptions, que la Comédie française n'a accueilli que des talens préférables à ceux qu'elle a refusés. Le temps n'est plus sans doute, comme lors du voyage de Dresde, où les quatorze chefs d'emploi, qui avaient été appelés à donner des représentations dans cette ville, se plaignaient en revenant de ce que les acteurs restés à Paris avaient osé faire d'excellentes recettes, et compromettre ainsi les droits d'ancienneté. Jouer en tout temps les ouvrages que j'ai cités plus haut, ce serait sans doute plaire à l'académicien qui en est l'auteur; et il n'est pas permis de penser, d'après l'inconcevable dignité que professent aujourd'hui les gens de lettres, qu'aucun d'eux soit retenu par la crainte de déplaire à la toute-puissante actrice; l'exemple honorable donné par M. Lemercier ne saurait trouver que des imitateurs, surtout parmi ses collègues: sans cela on dirait qu'il lui a fallu moins de courage pour refuser les serviles honneurs que lui offrit jadis une main puissante, que pour rompre en visière aux sept têtes de l'hydre du comité. Pourquoi d'autres auteurs n'ont-ils pas suivi ce noble exemple? pourquoi les auteurs vivans ne font-ils pas entendre leur voix? pourquoi ceux des journalistes que leurs connaissances et surtout leur expérience doivent éclairer suffisamment ne se joignent-ils pas à eux? et faudra-t-il que ce misérable esprit de parti pénètre jusque dans les coulisses?

Dans un tel état de choses que deviendraient la Comédie française et les plus gros bonnets de l'ordre eux-mêmes si ceux qu'ils traitent en peuple abandonnaient leurs patriciens pour se retirer sur le mont Aventin; s'ils cherchaient un asile qu'ils trouveraient au faubourg Saint-Germain? A eux seuls, les acteurs les plus admirables ne joueraient pas une pièce tout entière. A cela on opposera les réglemens de la Comédie française, qui ne permettent pas aux jeunes sociétaires de donner des représentations sur un autre théâtre. A une aussi ridicule objection la seule manière de répondre sera de hausser les épaules : en se faisant comédiens

des hommes n'ont pu cesser d'être hommes,
renoncer au bénéfice de la loi fondamentale
du royaume, qui leur promet aide et protection dans l'exercice d'une industrie quel-
conque, qui doit tourner au plus grand
avantage de celui qui l'exerce; dire le contraire ce serait soutenir que quand les lois de
l'État et les réglemens de la Comédie française ne sont pas d'accord, c'est aux lois de
l'état à céder. Voilà pourtant comment
les abus s'introduisent, comment l'usage
triomphe de la justice, et comment les em-
piétemens se légitiment par la possession.

Si je me contentais ici de faire voir le mal
sans placer à côté le facile remède que tous les
amis des lettres et de l'art dramatique at-
tendent comme un bienfait de M. le duc de
Duras, on pourrait peut-être m'accuser
d'une censure chagrine et inutile; mais je
tâcherai de remplir une telle lacune.

Comme tous les théâtres ne sont pas ré-
gis de la même manière, il est facile d'établir ici divers points de comparaison.

De tous les théâtres de Paris le Théâtre

français est sans contredit celui qui possède
le répertoire le plus varié : pourquoi le spectacle est-il plus souvent changé? pourquoi
même y a-t-il plus souvent relâche qu'à aucun autre? toujours par la même raison,
toujours par suite des complaisances cou-
pables du comité. Deux acteurs sont exi-
geans avec leurs co-sociétaires ; ceux-ci le se-
ront avec leurs nouveaux confrères, ceux-
ci encore avec les derniers reçus, et ces
derniers avec les pensionnaires : ce sont
d'inévitables ricochets : l'égalité détruite, il
naît une foule de catégories : un premier
sujet refusera de jouer dans une tragédie le
rôle de son emploi si l'actrice qui repré-
sente la princesse n'est aussi un premier
sujet ; dès-lors un sociétaire nouveau ne se
compromettra point avec des pensionnaires,
et nous voyons ainsi des affiches ne pas annoncer un seul sociétaire. Ce n'est pas tout
encore : on ne voudra pas jouer le jour d'une
première représentation à Feydeau ou à
l'Opéra, le lendemain de tel spectacle; enfin
le *diamant* lui-même a déclaré qu'il ne

consentirait plus à briller entre deux représentations d'*Athalie;* on ne le voit jamais non plus dans une comédie qui suit une tragédie : l'intérêt de la société n'est rien ; mais ce qui importe, c'est d'être à soi seul tout le spectacle.

Pour que nous ayons un premier Théâtre français digne à la fois de son titre et de son rang, il faut absolument mettre fin à un tel ordre de choses ; il faut que le répertoire de la semaine, une fois arrêté, ne soit plus sujet à mille variations, et que la société entière ne soit pas malade d'une migraine survenue à l'un de ses membres. L'Opéra peut en certaines choses servir de modèle; du moins il le pouvait sous la direction de Persuis. Les sujets sont classés en premiers sujets, en remplaçans et en doubles; chacun doit se tenir prêt : le premier sujet est-il malade, le remplaçant se présente : un obstacle constaté s'y oppose-t-il, c'est le double qui joue; mais on ne voit jamais Lays refuser de chanter parce que Mme Branchu ou Mme Albert sont enrhumées;

et Albert ni Paul ne se mettraient au lit si Mlle Bigottini et Mlle Fanny Bias se donnaient des entorses. Au reste je dois dire que Talma est tout à fait exempt de ce ridicule. A cet inconvénient grave se joint à certains jours l'inconvénient contraire : le Public aurait-il remarqué une pensionnaire ou un débutant, aussitôt plus de migraines, plus de rhumes le jour de bon spectacle, à moins que l'on n'ait le crédit de le faire changer : il faut empêcher une rivale qui devient dangereuse de paraître et de briller ; il faut évincer un débutant qui se sera rendu coupable de quelque mérite. Le moyen que des sujets se forment, quelque dispositions qu'ils aient reçues de la nature !

La justice autant que l'intérêt de l'art demandent impérieusement, si l'on permet à quelques sujets de n'en prendre qu'à leur aise, qu'au moins les acteurs laborieux puissent faire leurs affaires, et s'avancer dans l'esprit du Public, qui tôt ou tard se prononce toujours pour le parti de la raison.

Quel est donc l'esprit de vertige qui a

frappé le comité, et l'a aveuglé au point de
lui faire prendre les dernières mesures qui
l'ont forcé à revenir sur ses infructueux es-
sais? On voulait augmenter le prix des places; et à quelle époque, grand Dieu! quand
de nouveaux théâtres s'élèvent, quand les
talens diminuent.

Rien ne frappe de discrédit une société
comme de semblables tâtonnemens; et y a-t-
il au monde rien de plus risible que la lettre
adressée aux journaux pour annoncer le réta-
blissement des anciens prix? c'est à coups
de sifflets, adressés uniquement au comité,
que le Public a forcé à faire ces pas rétro-
grades, et dans la lettre ce pas n'était fait que
pour complaire *à la bienveillance* du Public : M. de Pourceaugnac n'entendait pas
mieux la plaisanterie. C'était une sottise que
d'augmenter le prix des places; peut-être en
était-ce encore une que de le diminuer.
Avec un peu de bon sens on aurait tout con-
cilié : il fallait seulement ne toucher ni au
parterre, ni aux secondes galeries; on pouvait faire alors pour les loges ce qu'on au-

rait voulu. Peu importe le prix des objets de luxe; mais gare aux soulèvemens quand le pain devient cher. Voilà pour le comité considéré comme administration : voulez-vous actuellement voir en lui un tribunal littéraire, vous vous en ferez facilement une idée exacte ; il faudra seulement vous rappeler que les deux ouvrages nouveaux qui ont le plus puissamment concouru à soutenir le second Théâtre français n'y ont été représentés que par la faute du premier. *Les Vêpres siciliennes* ne furent reçues qu'à correction ; M. Casimir Delavigne les porta ailleurs, et avec cet ouvrage ses *Comédiens,* qui auraient fort bien fait le pendant du *Folliculaire,* pièce qui, soit dit en passant, a attiré beaucoup de monde, quoique l'actrice en vogue n'y eût point de rôle. Vous vous souvenez qu'Éric-Bernard et David n'ont pas été conservés, et que déjà l'on est obligé de rappeler le dernier de ces deux acteurs.

Admettons qu'il soit possible de passer quelques caprices aux talens extraordinaires et hors de comparaison ; mais que dire des prétentions qui ne sont fondées sur rien ? que dire des longs repos d'un financier qui a poussé la manie des contrastes jusqu'à ne se vouloir montrer qu'auprès de Mlle Mars, comme si un beau talent avait besoin d'ombres aussi épaisses ! comment se taire quand on voit les dépositaires des richesses dramatiques dont s'honore la France remplir leur mandat avec tant d'indignité, et traiter le théâtre en pays conquis ! cela est impossible. Je me tais cependant ; mais pour peu de temps ; la matière n'est que trop ample : toutefois il faut bien, après un premier avertissement, laisser aux intéressés le temps d'en profiter. Il est d'ailleurs quelques éloges qu'il est juste et doux d'accorder au talent et au zèle.

On aura sûrement remarqué que dans la même année Talma, malgré l'âge auquel on le voit parvenir avec tant de regrets, a créé trois rôles de caractère absolument différens, et qui tous ont mis au jour la sublime profondeur de ce grand tragédien, soit qu'il

sauve avec une inconcevable adresse ce que
pourrait avoir de choquant un courtisan
comme Leicester, soit que, dans *Clovis* et
Jean de Bourgogne, il nous fasse assister
au berceau de la monarchie et à l'horreur
des troubles civils. Le zèle de Damas, qui
continue à jouer avec un vrai succès le rôle
de Tannegui Duchâtel, est une chose également
louable, puisqu'il avait renoncé à la
tragédie; le talent si pathétique, et souvent
si admirable de Mlle Duchesnois ne permet pas de la confondre dans la foule; d'autres acteurs aussi se recommandent assez:
mais cela ne fait rien au fond de la question;
et quand Caton demandait la destruction
de Carthage, il ne prétendait pas qu'As-
drubal fût un mauvais général; mais la
grandeur de Rome exigeait la ruine de
Carthage, comme la prospérité du Théâtre
français veut impérieusement la stricte exécution des réglemens et des ordonnances.
Dans tout ce que j'ai dit en faveur des intérêts généraux contre les intérêts privés,
j'ai plutôt rehaussé que rabaissé l'état de

comédien : si quelqu'un de ces Messieurs ou de ces Dames en prenait de l'humeur, il prouverait que ce serait en cela seulement que j'aurais eu tort.

9 782329 645148